DISCOURS

PRONONCÉ PAR M. L'ABBÉ BOUGAUD

Le 23 novembre 1876

A LA BÉNÉDICTION DE LA CHAPELLE FUNÉRAIRE DESTINÉE

A CONSERVER LES RESTES DES SOLDATS MORTS A LADON

Le 24 novembre 1870.

ORLÉANS,

ERNEST COLAS, IMPRIMEUR DE L'ÉVÊCHÉ

VIS-A-VIS DU MUSÉE

—

1876

DISCOURS

PRONONCÉ PAR M. L'ABBÉ BOUGAUD

Le 23 novembre 1876

A LA BÉNÉDICTION DE LA CHAPELLE FUNÉRAIRE DESTINÉE
A CONSERVER LES RESTES DES SOLDATS MORTS A LADON

Le 24 novembre 1870.

ORLÉANS,

ERNEST COLAS, IMPRIMEUR DE L'ÉVÊCHÉ

VIS-A-VIS DU MUSÉE

—

1876

DISCOURS

PRONONCÉ PAR M. L'ABBÉ BOUGAUD

Le 23 novembre 1876

A LA BÉNÉDICTION DE LA CHAPELLE FUNÉRAIRE DESTINÉE

A CONSERVER LES RESTES DES SOLDATS MORTS A LADON

24 novembre 1870.

———

Messieurs,

Un grand roi de France, vaincu et fait prisonnier sur un champ de bataille, écrasé par cette puissante Maison d'Autriche qui enserrait alors la France dans un cercle de fer, chaque jour plus étroit, dont une des pointes douloureuses était Besançon, écrivait au soir de sa défaite, cette parole superbe : *Tout est perdu, fors l'honneur !*

Comme s'il eut dit : Courage et patience ! Rien n'est perdu, puisque l'honneur ne l'est pas !

Et en effet, regardez à cinquante ans de là. Le cercle de fer est brisé ; ses morceaux sont rejetés à droite et à gauche et ne se rejoindront jamais. Besançon est reconquis. La France est à cheval sur le Rhin ; et elle se prépare à être, de Henri IV à Louis XIV, la première nation du monde.

Tout est perdu, fors l'honneur ! Ne vous semble-t-il pas, Messieurs, que cette noble parole plane, comme un rayon lumineux, au-dessus de nos désastres ? Et n'est-ce pas elle aussi qui éclaire, de je ne sais qu'elle gloire mélancolique et touchante, la tombe des soldats français qui ont succombé à Ladon ? Car pourquoi sont-ils morts ! Est-ce qu'ils espéraient vaincre ? Metz s'était rendu ; Paris allait se rendre ; l'immense armée du Prince Frédéric-Charles roulait comme un torrent ; ils n'étaient qu'une poignée. O braves, que vouliez-vous donc ? Ce que nous voulions ? sauver l'honneur de la France ! et qu'elle ait du moins l'immortelle consolation de pouvoir dire au milieu de ses désastres : *Tout est perdu, fors l'honneur!*

Et voilà pourquoi, Messieurs, je ne m'étonne pas de votre immense et religieux concours. Je ne m'étonne pas de voir ici, à côté du premier Magistrat de ce département si jaloux du vrai honneur de la France et qui l'a noblement prouvé pendant la guerre (1) ; à côté du brave général que le gouvernement a choisi et nous a envoyé pour être ici le vivant symbole de l'honneur militaire (2) ; je ne m'étonne pas de voir cette foule, composée des hommes les plus considérables et les plus honorables de la contrée, venus de toutes parts pour rendre un solennel hommage à ceux qui sont morts pour nous ; qui ont payé, de ce qu'ils avaient de plus cher, la vie, la conservation de ce que nous avons de plus précieux, l'honneur.

Messieurs, qu'est-ce donc que l'honneur, pour qu'on le le paye d'un tel prix ? Comment peindre en quelques mots cette chose inexprimable, dont le nom seul emplit l'âme de je ne sais quel feu soudain, mélange terrible d'amour, de jalousie et de fierté. L'honneur, c'est le respect de soi-même et de la beauté de sa vie, porté jusqu'à la passion la plus ardente. Pesez le poids et le prix de cette simple parole : Etre un homme d'honneur. Je ne

(1) M. Sazerac de Forges, préfet du Loiret.
(2) M. le général Delebecque, délégué de M. le ministre de la guerre.

sais dans quelles profondeurs de l'âme Dieu a placé ce sentiment auguste; mais qu'il est difficile de l'en arracher! Il résiste, même quand la vertu a succombé. Il survit à toutes les ruines. Les hommes d'aujourd'hui sont ironiques et sceptiques pour bien des choses; jamais pour celle-là. Chacun devient grave, dès que son nom est prononcé.

Et non-seulement l'honneur survit à toutes les ruines, mais il les empêche d'être irréparables. Prenez l'homme le plus abaissé; il y a encore une ressource, si l'honneur est intact; mais le jour où il y touche, c'est un homme perdu. Dieu seul est assez puissant pour lui refaire une auréole; et encore cette auréole, l'homme qui a manqué à l'honneur ne la portera jamais sur la terre.

Ce que je dis là de l'individu, dites-le hardiment d'un peuple. On ne tue pas un peuple; il se tue lui-même, en se déshonorant. Il y a des peuples qui ont été brisés, broyés sur vingt champs de bataille, dont on s'est partagé les lambeaux sanglants, et qui ne sont pas morts, qui ne peuvent pas, qui ne veulent pas mourir, parce qu'ils ont gardé dans leurs flancs, comme un levain sublime, l'honneur. Quand l'archange terrible, chargé d'effacer un peuple de la carte du monde, descend pour promulguer le redoutable : *Mane, Thecel, Phares ;* ce peuple jugé, condamné, il ne le trouve pas sur un champ de bataille, sauvegardant, de son sang, les restes de sa vie; il le trouve à table, le verre à la main, l'impiété sur les lèvres, déshonorant son âme dans des orgies sacriléges.

Et voilà pourquoi Dieu qui voulait nous humilier et nous châtier dans le plus grand de nos dons, le génie militaire, a fait deux choses où l'on retrouve son grand amour pour la France. Il nous a brisés sous des coups si soudains, si imprévus, si irrésistibles que les vainqueurs eux-mêmes n'ont pu dissimuler leur étonnement et qu'ils ont été obligés de convenir que le doigt de Dieu était là (1).

Et ensuite Dieu a voulu qu'au milieu de cette série extraordinaire de malheurs et de contre-temps notre honneur, l'honneur français, y éclatât sous mille formes, et dans des traits inoubliables.

Rappelez-vous, Messieurs, au début de la guerre, dans ce premier écrasement qui a sonné comme un coup de tocsin, rappelez à votre mémoire cette charge imcomparable des cuirassiers de Reischoffen. — Colonel, il faut faire une trouée de côté. — Maréchal, vous nous envoyez à la mort. — Oui, venez que je vous embrasse. Et le colonel part, et l'immense et brillante colonne disparaît dans la mitraille. Cherchez dans notre histoire un plus bel exemple d'obéissance militaire, et plus de grandeur simple dans l'héroïsme qui va mourir.

Voyez aussi cette bataille de Gravelotte, vraie bataille de géants, où nous aurions été vainqueurs si l'énergie de l'âme pouvait triompher de la brutalité du nombre. Quels coups ! quel élan dans l'attaque ! que de vigueur dans la résistance ! quelles pertes infligées à l'ennemi ! Vieux soldats de nos anciennes guerres, gentilshommes de Rocroy, grenadiers d'Austerlitz, vous dûtes tressaillir dans votre tombe, et vous dire avec orgueil que vous n'étiez pas mort tout entiers !

Voulez-vous, Messieurs, contempler, sous une autre forme, l'honneur français ? Voici un siége qui fera pâlir celui de Saragosse. Deux millions d'hommes enfermés dans un cercle de feu ; des femmes, des enfants, décimés, amaigris par la famine, mais exaltés par l'amour de la pa-

---

(1) Voici la lettre du Roi de Prusse à la reine Augusta : « Je m'incline devant Dieu qui, *seul*, nous a *élus*, moi, mon armée, et mes alliés, *vour exécuter ce qui vient d'étre fait* et nous a choisis *comme instruments de sa volonté*. CE N'EST QU'AINSI QUE JE PUIS COMPRENDRE CETTE ŒUVRE.

trie et ne voulant pas se rendre ; une ville qui meurt de faim, que les obus incendient, et à laquelle il faut, par adresse, avec des précautions infinies, arracher sa capitulation ; et si redoutable dans sa chute que les vainqueurs n'osent pas en franchir les murs. Ils avaient pourtant, ces vainqueurs, mis dans la poche de leurs soldats, un plan des curiosités de Paris ! Il a fallu s'en aller, sans les voir.

Et comme si un rayon de vieil honneur français devait illuminer les derniers champs de bataille et prouver l'unité et la beauté de l'âme de la patrie à toutes les époques, voilà que se déploie à Patay l'étendard du Sacré-Cœur. O champs de Patay et de Loigny, oublierez-vous jamais cette autre charge, incomparable aussi, qui a jeté sur la fin de la guerre un éclat de si pure gloire. Vainement la mort frappe à coups redoublés. Rien ne peut coucher par terre l'étendard sacré. Il passe de mains en mains, de celui qui meurt à celui qui survit, comme un symbole impérissable de l'impérissable union de la Religion et de la Patrie, de l'Église et de la France.

C'est à cette date, quelques jours auparavant, le 24 novembre 1870, qu'eut lieu le brillant fait d'armes de Ladon. Ils étaient 1430, commandés par le brave général Crouzat ; ils n'avaient qu'un canon, et devant eux 7,700 prussiens, pourvus d'une nombreuse artillerie ; et dès le premier jour, ils infligent à l'ennemi une perte de 1,500 hommes. Puis reculant pied à pied de Ladon à Mézières, de Mézières à Beaune-la-Rolande, ils arrêtent pendant cinq jours le flot dévastateur. On s'est démandé si à ce dernier moment, toutes choses désespérées, cet effort de l'armée de la Loire n'était pas une folie. Je ne dis pas non ! mais il y a la folie de la croix et il y a la folie de l'honneur ! J'avouerai même ma faiblesse tout entière. Pendant que tonnaient les derniers coups de canon, à Ladon, à Beaune-la-Rolande, à Patay, à Loigny, au Mans, trop sûr hélas ! que c'était fini, je me disais, les larmes aux yeux et la rage dans le cœur : Du moins, ils sauront ce qu'il en coûte pour envahir la France ! Nous paierons un peu plus cher ; mais sur nos drapeaux troués de balles nous pourrons écrire avec orgueil : *Tout a été perdu, fors l'honneur.*

Et puisque je parle d'honneur, pourquoi n'associerais-je pas à ces braves celles qui furent leurs épouses, leurs mères ou leurs filles, ces vaillantes femmes françaises dont le cœur a été à la hauteur de tous les sacrifices. L'antiquité vantait le courage de cette mère qui, armant son fils pour le combat, lui disait en lui remettant son bouclier : « Reviens dessus ou dessous » c'est-à-dire : vainqueur ou mort. Nous avons vu mieux que cela ; nous avons entendu des paroles plus poignantes, parce que l'espoir du triomphe n'existait plus : des fiancées armant elles même leurs fiancés ; des épouses poussant au combat leur époux d'hier ; des jeunes filles écrivant à leurs pères pour les animer, et toute l'âme de la patrie vibrant dans des cœurs de seize ans.

Et n'est-ce pas encore, parce qu'en nous humiliant, le Ciel songeait à nous relever, n'est-ce pas pour cela que Dieu a permis que le Clergé français, tant calomnié, mais si nécessaire à la restauration de la France, s'y montrât dans un honneur que l'on ne pût pas contester. Un général Français lui a rendu hier un solennel hommage. dans son beau livre, intitulé : *L'héroïsme en soutane* Mais si haut que soit ce témoignage, j'en sais un plus grand : c'est la haine que nous a jurée la Prusse, une haine si violente, que les ministres protestants, je le dis à leur honneur, s'en sont montrés jaloux.

O mon Dieu, je vous bénis et je vous remercie de ce que, dans cet affreux désastre, nous n'avons perdu que ce qui est réparable: des canons? on en forge; des munitions? on en rachète; de l'or? nous en avons plus qu'avant. Oui je vous bénis et je vous remercie de ce que nous n'avons perdu que ces choses que nous retrouverons quand nous voudrons, quand nous en serons dignes ; et de ce que nous avons conservé, dans un incomparable éclat, la seule chose qui, perdue, ne se retrouve pas, et qui, conservée, peut ressusciter tout le reste : l'honneur.

C'était la consolation de notre grand pontife, Pie IX, toujours si ami de la France. Du haut de ce trône de saint Pierre, où il assiste, en témoin de l'éternité, aux élévations et aux abaissements des peuples, il écoutait le bruit de nos catastrophes, mais sans que son amour pour nous en fût même inquiété : « Oh ! non, disait-il, il n'y a pas de revers, capable de monter assez haut pour obscurcir l'honneur d'une telle nation, et une réputation de courage établie sur de si grands monuments de gloire. *Istam nationem, cujus nobilissimi sensus et virtus militaris tot tantisque gloriæ monumentis commendata, adversis casibus obscurari non possunt.* Joignez ensemble la parole du roi Guillaume de Prusse déclarant que cet écrasement de la France ne peut s'expliquer que par une intervention divine, et la parole de Pie IX proclamant l'inamissibilité, au milieu d'un tel désastre, de l'honneur et du courage francais, et vous aurez, en deux mots, signée de témoins illustres, la glorieuse histoire de nos malheurs.

Je voudrais m'arrêter là ; mais, depuis que je parle, une pensée douloureuse, serre, malgré moi, mon cœur. J'ai montré notre honneur sauvé, conservé, payé avec le sang. Messieurs, que pouvons-nous pour reconnaître de tels services? Voilà des hommes qui sont morts pour nous, qui nous ont fait, par leur héroïsme, une gloire même au sein de nos désastres, que pouvons-nous pour eux? O vanité ! O impuissance ! Que donner du moins pour ceux qui subsistent? un grade, une croix, de stériles louanges ; voilà tout. Et combien qui n'en ont pas eu, qui ont été inconnus ou méconnus ? On associe volontiers les mots de gloire et de soldat. Mais la gloire ne brille pas sur le soldat ; à peine sur quelques chefs ; et avec quels caprices ? Voilà pourquoi l'un d'eux, méditant, dans les déserts d'Afrique, ce verset de l'Imitation : *Ama nesciri et pro nihilo reputari,* écrivait ce beau commentaire : « Ce principe convient à la vie militaire encore mieux qu'à la vie monastique. Aimez le poste où l'on ne vous voit point, le coup de fusil dans le fossé. Pratiquez l'héroïsme de la nuit. Soyez heureux quand perdu dans les rangs, suivant le drapeau et les tambours, vous sentez qu'on ne vous compte pour rien. Vous marchez alors dans la seule gloire qui éclaire l'âme, sans la brûler (1). » C'est-à-dire oubliez les hommes, et, en vous battant pour la France, pensez à Dieu qui seul peut vous récompenser dignement.

Et si nous ne pouvons rien pour ceux qui survivent, que faire pour ceux qui sont morts ? Quoi ! s'être arraché à un père, à une mère, à toutes les joies, à toutes les espérances de la vie, qui sait même ? aux affections les plus tendres et les plus profondes ; être venu à vingt ans, à vingt cinq ans, teindre de son sang la terre couverte de neige, être mort peut-être, seul, abandonné, sur une botte de paille glacée, à l'angle d'une rue ; et avoir pour récompense, pour unique récompense, son nom gravé sur une pierre ! Non, non, Messieurs. cela n'est pas possible !

Je regarde quelques-unes de ces nobles victimes : M. de la Tour Maubourg, par exemple, ou le jeune baron de Bussières, tombés tous deux dans vos rues. Ils étaient jeunes, riches ; ils avaient un grand nom, un bel avenir. Tout à coup un cri s'élève. Les voilà placés entre la mort et la trahison de la patrie, car il y a des circonstances où ne pas voler à la défense de la patrie, c'est la trahir. Ils n'hésitent pas ; ils meurent. Eh ! bien, que pouvons-nous pour eux ! Oui, je vous le demande à vous, s'il y en avait dans cet auditoire, qui ne

____

(1) Paul de Molènes.

croyez pas à Dieu et à l'immortalité, que ferez-vous de ces nobles victimes ? Oserez-vous blâmer leur héroïsme, dire qu'ils ont fait une folie ? Et si vous ne l'osez pas, si votre conscience vous prendrait à la gorge pour vous empêcher de proférer de telles paroles ; si votre sang de Français, de chrétien, d'homme, vous crie qu'il y a là une sublimité ; encore une fois, comment leur donnerez-vous la récompense qu'ils n'ont pas cherchée, mais qui leur est due ?

Ah ! ce qui s'exhale de cette tombe, ce n'est pas seulement le parfum de l'honneur, c'est un arome de vie future et d'immortalité !

Je regarde cette chapelle, ce drap mortuaire, ce caveau, ces ossements ; et je me dis : Voilà le sacrifice, le sacrifice non payé. Il faut bien qu'ailleurs soit la récompense.

Et voilà pourquoi vous avez fait une chose digne de louanges, vous, Monsieur le Maire, et vous riches bienfaiteurs de cette commune, et vous aussi, Messieurs les membres du conseil municipal, et, vous qui vous effacez toujours et que pour cette raison je ne veux pas oublier, bon et zélé pasteur de cette paroisse (1), vous avez tous fait une chose digne de louanges, en n'élevant pas seulement à ces braves un tertre surmonté d'une colonne, chose froide ; mais en leur bâtissant une chapelle, un sanctuaire béni, où ils reposeront, embaumés dans les prières de l'Église, sanctifiés, purifiés, préparés aux joies éternelles par le sang de l'adorable Victime. Là, leur mémoire ne se flétrira pas avec le temps. Le petit enfant, en lisant leurs noms pendant les offices, apprendra qu'il y a, dans le dévouement, une vertu bénie de Dieu ; et que le sang versé pour la Patrie est digne d'être associé au sang de Jésus-Christ versé pour l'humanité. On viendra prier sur leurs tombes, y respirer la foi, l'honneur, le courage, l'amour, l'amour surtout, pour l'inextin-

____

(1) M. l'abbé Guildoux, curé de Ladon.

guible et immortelle France. Ils continueront à la défendre, même morts, jusqu'au jour où le coup de clairon de l'éternité éveillera leur poussière. Alors on les verra se lever comme autrefois au clairon des batailles, mais pour ne plus mourir ; rayonnants de gloire dans leurs vêtements de soldats, parés de leurs blessures comme d'un diadème. Ils iront prendre place dans le groupe immortel des Charlemagne, des saint Louis, des Duguesclin, des Bayard, des Jeanne d'Arc ; dans l'immense et étincelante phalange de ceux qui ont vécu et qui sont morts pour Dieu et la patrie. Heureux si nous méritons d'être associés à leur gloire ; et si, n'ayant pas eu l'honneur de mourir pour la France, nous avons du moins le bonheur de vivre pour elle, et de contribuer, dans la mesure de nos forces, à son relèvement !

ORLÉANS. — IMP. ERNEST COLAS.